BEI GRIN MACHT SICH IHR WISSEN BEZAHLT

- Wir veröffentlichen Ihre Hausarbeit,
  Bachelor- und Masterarbeit

- Ihr eigenes eBook und Buch -
  weltweit in allen wichtigen Shops

- Verdienen Sie an jedem Verkauf

Jetzt bei www.GRIN.com hochladen
und kostenlos publizieren

Bibliografische Information der Deutschen Nationalbibliothek:

Die Deutsche Bibliothek verzeichnet diese Publikation in der Deutschen National-
bibliografie; detaillierte bibliografische Daten sind im Internet über http://dnb.d-
nb.de/ abrufbar.

Impressum:

Copyright © 2009 GRIN Verlag, Open Publishing GmbH
Druck und Bindung: Books on Demand GmbH, Norderstedt Germany
ISBN: 9783640337019

Dieses Buch bei GRIN:

http://www.grin.com/de/e-book/127184/doctor-who-the-girl-in-the-fireplace

Jan Baumann

Doctor Who, The Girl In The Fireplace

Eine medienpädagogische Stellungnahme

GRIN Verlag

GRIN - Your knowledge has value

Der GRIN Verlag publiziert seit 1998 wissenschaftliche Arbeiten von Studenten, Hochschullehrern und anderen Akademikern als eBook und gedrucktes Buch. Die Verlagswebsite www.grin.com ist die ideale Plattform zur Veröffentlichung von Hausarbeiten, Abschlussarbeiten, wissenschaftlichen Aufsätzen, Dissertationen und Fachbüchern.

Besuchen Sie uns im Internet:

http://www.grin.com/

http://www.facebook.com/grincom

http://www.twitter.com/grin_com

Doctor Who, The Girl In The Fireplace

Fachhochschule Köln
Medien- und kulturpädagogische Grundlagen 1 (MUK 1)

Jan Baumann

Inhaltsverzeichnis

Einleitung

Die vorliegende Hausarbeit möchte die Analyse und Bewertung einer Kinder- und Jugendfernsehserie leisten, welche sich vor allem an die Zielgruppe der 10- bis 13-järigen Heranwachsenden richtet. Diese Altersgruppe am Übergang vom Kinder- zum Jugendalter sieht pro Tag durchschnittlich 101 Minuten fern, wobei die tatsächlichen TV-Nutzer dann durchschnittlich 166 Minuten vor dem Gerät verweilen (Zahlen 2007, Feierabend &Klingler (2008)). Die betrachtete Gruppe unterscheidet sich in ihren Formatpräferenzen von den jüngeren Kindern. So wird hier die Spannungssparte im Bereich des fiktionalen Unterhaltungsangebotes etwa dreimal so häufig präferiert wie in der Altersgruppe der drei- bis fünfjährigen (Feierabend & Klingler (2008)).

Die der Arbeit zugrunde liegende Episode der Fernsehserie „Doctor Who", „The Girl In The Fireplace", wurde 2005 im Auftrag der British Broadcasting Corporation (BBC) produziert. Die Erstaustrahlung fand am 06. Mai 2006 um 17:00 Uhr statt. Regie führte Euros Lyn, das Drehbuch wurde von Steven Moffat verfasst. Die Filmdauer beträgt 45 Minuten (Sullivan (2009)). Zentrale Figur der Serie ist ein Zeitreisender der Gattung der Timelords vom Planeten Gallifrey, der sich selber nur „The Doctor" nennt. Daher auch der Serientitel „Doctor Who". Als letzter Überlebender der Timelords reist er zusammen mit einer weiblichen Begleiterin (und deren (Ex-)Freund) durch Raum und Zeit. Hierbei benutzt er die TARDIS (Time And Relative Dimensions In Space), bei der es sich um ein Raumschiff handelt, welches auch die Zeitdimensionen durchfliegen kann. Auf ihren Reisen erfüllt der Doktor Missionen gegen Monster, für Gerechtigkeit und vor allem für die Kontrolle der Grenzen zwischen den Parallelwelten.

Die Einordnung dieser Serie kann in das oben angesprochene Spannungsgenres erfolgen, spezifischer in das Genres des spannungsgeladenen Scienes-Fiction. Damit ist es eine Serie die genau in das Sehverhalten der 10- bis 13-jährigen Zuschauer passt (Feierabend & Klingler (2008)).

Inhalt

Dargestellte Lebenswelt

Dem Serienkonzept folgend, ist die dargestellte Lebenswelt variabel in Raum und Zeit. Sie bietet keinen Fixpunkt für den Zuschauer. Lediglich bei Heimatbesuchen der Begleiterin des Doktors im London der Ist-Zeit kann von den Zuschauern ein lebensrealistischer Bezug zur eigenen Umgebung wahrgenommen werden. Diese Besuche finden nicht in allen Episoden statt, sind aber ein wiederkehrendes Thema in der Seriendramaturgie.

Bereits bei Betrachtung der Lebenswelt fällt auf, dass die Serie für jüngere Kinder kaum geeignet ist. Es können nämlich zwei räumliche und vier zeitliche Ebenen identifiziert werden, welche in einem durchaus komplizierten Zusammenhang zueinander stehen. Die Darstellung der zeitlichen Ebenen erfolgt nicht chronologisch, sondern wechselt innerhalb der Storyline.

Räumliche Ebenen

Die erste räumliche Ebene befindet sich am Hofe Ludwig XI in Versailles des 18. Jahrhunderts. Die hier dargestellte Lebenswelt zwischen Hoch- und Spätbarock wird durch die Gestaltung des Schlosses und der betont geschmückten Kleidung der Darsteller (inklusive Perücken) verdeutlicht. Den jungen Zuschauern ist diese Lebenswelt als Ort von Königen und Königinnen bekannt. Er ist mit den Vorstellungen eines „Lebens am Hofe" besetzt, das heißt mit höfichen Festen wie Maskenbällen, klare Regeln, Dienern und Hofdamen. Das Zentrum dieser Welt stellt das Zimmer der Madame de Pomadour dar, in diesem wiederum der brennende Kamin.

Die zweite räumliche Ebene befindet sich an Bord des Raumschiffes „SS Madame de Pompadour" im 51. Jahrhundert. Der Doktor und seine beiden Begleiter landen hier mit Ihrem Raum- und Zeitschiff und finden einen verlassen wirkenden Ort vor. Düsternis, Größe der Räume und die ungeklärte Abwesenheit einer Crew wirken beängstigend.

Inmitten der futuristischen Umgebung findet sich ein brennender Kamin mit einer Uhr darauf. Dieser ist identisch mit dem Kamin im Zimmer der Madame de Pompadour.

Beide Orte stehen in direktem Zusammenhang. Sowohl durch den Kamin, als auch durch verschiedene venezianische Spiegel kann man zwischen den Raumdimensionen wechseln. Die starke Kontrastierung und die zum Teil historische Realität der Ortsebenen betonen den Effekt des Zeitreisens. Sie geben den Zuschauern zudem verschiedene Rezeptionstiefen zur Auswahl. Es bleibt dem Interesse und Kenntnisstand (!) des Zuschauenden überlassen, ob er Versailles hier nur als beliebiges Schloss wahrnehmen möchte (kann), oder ob er sich z.B. auch mit der Geschichte der Madame de Pompadour beschäftigen möchte.

Ein weiterer Effekt dieser Kontrastierung ist die bessere Möglichkeit, die Gleichzeitigkeit/ Parallelität von Raum und Zeit in der Serie zu verdeutlichen. Durch die Zeitfenster im Raumschiff werden verschiedene Zeiten und Orte miteinander verbunden. Eine solche pointierte Darstellungsweise macht dieses Geschehen auch für jüngere Zuschauer noch verständlich.

Zeitliche Ebenen

Innerhalb des Lebens der Madame de Pompidour können drei grundlegende Zeitebenen benannt werden. Sie wird als Kind zum ersten mal mit den mechanischen Robotern und dem Doktor konfrontiert, hier verliebt Sie sich auch in diesen und nimmt ihn als ihren Retter wahr. Um Ihren 37. Geburtstag herum kommt es zum Höhepunkt der Geschichte. Ein letzter zeitlicher Fixpunkt kann zu Ihrem Tode gesetzt werden.

Diese große Zeitspanne wird wird durch die Rahmenhandlung an Bord der SS Madame de Pompadour eingefasst. Die Crew der TARDIS erlebt diese „Lebensspanne" innerhalb Ihrer maximal eintägigen Mission im 51. Jahrhundert. Der Unterschied zwischen dieser nicht-linearen Zeitwahrnehmung und der linearen Zeitwahrnehmung der Madame wird in ihrem Ausspruch „Dann muss ich den langsameren Weg gehen" (28:54) und ihrem Blick auf Ihre eigene Vergangenheit und Zukunft von Bord des Raumschiffes deutlich.

Eine solche Dramaturgie wirkt aus erwachsener Sicht vor allem als Mittel zur Emotionalisierung (die persönliche Betroffenheit der Dargestellten, Ihr „Drama" wird deutlich), aus kindlicher Sicht ist es auch das Setzen von Erklärungen zu einer durchaus komplizierten Materie (Raum- und Zeit wird miteinander verwoben).

Es kann festgestellt werden, dass es sich bei der dargestellten Lebenswelt um eine phantastisch-futuristische Umgebung mit märchenhaften Bezügen handelt.

Konfliktlösungen

Die Crew um Doktor Who sieht sich in dieser Episode inmitten eines äußerst gewalttätigen und grausamen Konfliktes wieder. Ein logikfähiges Raumschiff, welches die eigene Mission über das Leben seiner Crew stellt. Zu Ersatzteilen verarbeitete Menschen. Mechanische Rokoko-Roboter, mit entsetzlichen, furchteinflößenden Waffen, bilden zusammen die Kulisse für den Kampf um eine junge Frau. Diese soll ihr Hirn als letztes fehlendes Ersatzteil hergeben, weil Sie lange Zeit nach Ihrem Tode als Namenspatronin für dieses Raumschiff auserwählt wurde.

Ohne die Figur des Doktors und Ihres spezifischen Problemlösungsverhaltens, wäre eine solche Storyline nur schwerlich als kindgerecht zu bewerten. Er zeigt Faszination (08:30) und verstehendes Mitleid (33:27) auch für die Aggressoren. Er setzt niemals brutale Gewalt ein, sondern nutzt vergleichsweise sanfte Mittel. So gebraucht er z.B. einen Feuerlöscher um einen Roboter einzufrieren (08:09), oder die Feuchtigkeit eines Weines um diesen auszuschalten (24:16). Die schrecklichste Gewalt (in der Wein-Szene soll das Gehirn von Rose entnommen werden), wird hier mit eher pfiffigen Einfällen vereitelt.

Die transportierte Botschaft kann wie folgt benannt werden: „Kreativität, intellektuelle Auseinandersetzung und Achtung des Gegners siegt über stumpfe , emotionslose und zielgerichtete Gewaltanwendung der Aggressoren.".

Charaktere

Die Zeichnung der Charaktere ermöglicht eine klare Einteilung in Gut und Böse. Die angreifenden Roboter sind die Fraktion der Bösen, während Reinette/ Madame de Pompadour die Verfolgte und die Crew des Doktors die Retter sind. Diese Grundlegende Einteilung der Rollen wird außerhalb des Spannungsbogens differenziert. Es wird deutlich, dass auch der Doktor Emotionen hat. Er scheint sich in Madame de Pompidour verliebt zu haben und betrauert am Ende Ihren Tod (ab 38:58). Hierbei respektiert er Ludwig XI als ebenbürtigen Mittrauernden. Vor dem Hintergrund des vorangegangenem Zusammentreffen im Ballsaal (32:32), in dem er den König mehr als Nebenbuhler angesprochen hat, ist dieses eine erstaunlich facettenreiche Darstellung.

Auch den anderen Hauptprotagonisten wird eine gewisse Eigenschaftspalette zugeschrieben. Hierbei ist aber eine deutliche Abstufung wahrzunehmen. Rose zeigt Stärke (22:15), Interesse und Intelligenz (12:56) sowie Empathie (25:59). Mickey hingegen erscheint vor allem pubertär (seine Begeisterung an Bord eines Raumschiffes zu sein (01:51)) und unbeholfen/ hilflos (seine nicht handlungsorientierte Angst auf dem Seziertisch (21:54)). Beide gemeinsam können als Nebenhelden bezeichnet werden (Rogge (2005)), da Sie die Wirklichkeit verkörpern. Beide Rollen haben (mit Abstufungen, s.o.) liebenswürdige Fehler und Schwächen, die Sie menschlich erscheinen lassen.

Stellt man dieser Gegenüberstellung von Rose und Mickey die Paarung Ludwigs XI und Madame de Pompidour nebenan, so erkennt man eine Einteilung der Geschlechterrollen. Die weiblichen Charaktere sind hier facettenreich, Handlungsorientiert und Führungsstark, während die männlichen Charaktere eher blass und unwissend (Ludwig XI), oder gar unbeholfen und tollpatschig (Mickey) wirken.

Betrachtet man die Identifikationsangebote, so erscheinen nur die guten Figuren hierzu geeignet. Zu grotesk sind die mechanischen Angreifer entstellt.

Auf Seite der menschlichen Darsteller sticht der Doktor als Held hervor. Für eine Identifikation eignet er sich aber nur bedingt. Hierzu sind vor allem seine Begleiter auserwählt. In der gesamten Serie sind Sie der Fixpunkt zur normalen Lebensumwelt.

Rose entstammt einem Londoner Arbeiterhaushalt, die Mutter alleinerziehend, nicht sehr lebensklug, dafür aber umso mehr liebenswürdig resolut (mit einer Vorliebe für pinke Kleidung). Mickey, Waise, von seiner Großmutter aufgezogen und intellektuell seiner Freundin Rose unterlegen (und eifersüchtig auf den Doktor).

In Ihnen kann sich der junge Zuschauer (mit all seinen Schwächen und Träumen) wiedererkennen.

Insgesamt bleibt die Anzahl der eingeführten Charaktere überschaubar. Nur die handlungsnotwendigen Rollen werden differenzierter dargestellt. Andere Darsteller bleiben unbelichtet im Schatten der Kulisse.

Geschlechtsrollenbilder

Bei Betrachtung der quantitativen Verteilung von weiblichen und männlichen Rollen in der Episode, kann von einem ausgeglichenen Verhältnis gesprochen werden. Sogar auf Seiten der mechanischen Kreaturen gibt es sowohl männliche, als auch weibliche Versionen. Rechnet man nun die Rollengewichtung ein, so ergibt sich ein differenzierteres Bild. Auf der Ebene der Handlungsmacher stehen sich der (männliche) Doktor und der männliche Anführer der Roboter gegenüber. Gegenstand Ihrer Auseinandersetzung ist die weibliche Madame de Pompadour. Der Doktor wird von seiner gemischtgeschlechtlichen

Crew unterstützt, während auf Seiten der Roboter weibliche Ausgaben nur eine Kulisse geben.

Hier von einem patriarchalisch geprägtem Rollenverständnis zu sprechen wäre aber zu kurz gegriffen. Die Gegenüberstellung der Charaktere Rose-Mickey und Madame de Pompadour-Ludwig XI hat bereits die starke Stellung der weiblichen Rollen gegenüber Ihren männlichen Begleitern hervorgehoben. Ihre Verhaltensmerkmale sind nicht „typisch weiblich" assoziiert, sondern handlungs- und lösungsorientiert.

Rose, deren Beziehung zu Mickey als Liebesbeziehung begonnen hat (vor der Begegnung mit dem Doktor), hat sich von Mickey emanzipiert. Ihr Kleidungsstil ist leger, nicht aufreizend (hier setzt Sie sich von Ihrer Mutter ab, die in dieser Folge nicht vorkommt).

Madame de Pompadour, die Mätresse Ludwig XI, setzt sich von „ihrem" König ab, spricht von Liebe zu einem anderen Mann und zeigt sich mutig gegenüber den Angreifern.

Sie tritt dem Doktor verliebt, aber offensiv gegenüber. Sie bittet Ihn zu „einem Tanz" (21:36) und scheint Ihn zumindest zu einem Glas Wein verführt zu haben (22:47). Hierbei stellt Sie sich als eigen- und selbstständige Frau dar. Die dennoch starke Rolle des Doktors scheint nicht dessen Geschlecht geschuldet zu sein (als Mann erscheint er nicht sehr erfahren), sondern dessen Rolle als Timelord.

Umsetzung

Spannung und Dramaturgie (Humor und Romantik)

Spannung und Dramaturgie beeinflussen sich wechselseitig. Während die Spannung eher in einzelnen Szenen aufgebaut wird, ist es die Dramaturgie, welche die Spannungsmomente zu einer Gesamtheit zusammenfasst. Ein Spannungsbogen entsteht. Beispielhaft für die Intensität der Spannungsmomente und für den Aufbau der Gesamtdramaturgie ist das erste Zusammentreffen zwischen Doktor und der jungen Madame de Pompadour (hier noch Reinette) (03:39).

Bei diesem Zusammentreffen sieht der Doktor nach, ob Sie wirklich allein sind (06:27). Hierzu schaut er zuerst unter das Bett der jungen Reinette. Ein, wie der dunkle Keller, angstbesetzter Ort. Begleitet von einer gruseligen Soundkulisse (die magische Uhr und die mechanischen Geräusche des Roboters)   entdeckt er bei diesem Blick auch die Schnallenschuhe des „Monsters" (06:53). Er erhebt, erblickt den Roboter (06:59) und ermahnt Reinette nicht hinter sich zu blicken. Für den Zuschauer entsteht ein Bild des Grauens (07:07): die ängstlich angespannten Gesichtszüge eines kindlichen Gesichtes, eingerahmt von engelsgleichem blondem Haar und dahinter die grotesk verzehrte Fratze des Rokoko-Ungetüms. Das nun folgende Zwiegespräch zwischen dem Doktor und dem Roboter spitzt sich bis zum Angriff des Roboters auf den Doktor zu (07:43) und endet mit dem Einfrieren des Angreifers durch den Doktor (08:14). Eine Zeit von 4 Minuten und 35 Sekunden, die mit einem glücklichen Ausgang endet.

Diese Episoden der Hochspannung finden sich in der gesamten Serienfolge. Wellenförmig, aber ansteigend was den Gesamtkonflikt betrifft, bereiten Sie das spannende Finale im Ballsaal vor (32:03), in dem Doktor Who auf einem weißen Schimmel (!) in die Menge springt. Hier schließt die spannende Haupthandlung in einem Happy-End ab.

Zwischen den Hochspannungsmomenten wird die Spannung immer wieder abgebaut. Beispielhaft hierfür sind die im vorangegangenen schon beschriebenen Szenen, in der die Science Fiction (Bewunderung der mechanischen Kunst (08:30)), der Humor (das Pferd folgt dem Doktor durch das Raumschiff (13:14)) und die Romantik (der Doktor beobachtet die Madame und eine andere Hofdame im Park des Schlosses(13:31)). Diese

Pausen ermöglichen dem Zuschauer ein Loslassen von den Spannungspeaks.

Gleichzeitig führen Sie eine stärkere Differenzierung in das Format ein. Humor und Romantik helfen auch, die Charaktere differenzierter erscheinen zu lassen. In die Basishandlung ist über die komplette Länge eine Liebesgeschichte (Doktor Who und Madame de Pompadour) eingebettet. Diese beendet auch die Episodenhandlung, indem der Tod der Madame, in einem emotionalem Zusammentreffen zwischen Doktor und Ludwig XI, bearbeitet wird. Die Handlung und Dramaturgie zeigt sich somit mehrdimensional.

Die Faszination für Technik zeigt, dass das Genre hier nicht nur Kulisse ist, sondern eine Funktion darüber hinaus hat. Es wird Begeisterungsfähigkeit für technische Dinge vermittelt.

Die Soundgestaltung, welche für junge Zuschauer besonders wichtig ist (Rogge (2005)), wird verlässlich eingesetzt. Zu einer fröhlichen oder romantischen Musik gibt es auch nur entsprechende Bilder, Spannung oder Grusel wird durch einen passenden Soundeffekt eingeführt. Die oben beschriebene Szene mit dem Doktor und Reinette wird, weit vor Darbietung der spannend-gruseligen Bilder, mit entsprechender Musik untermalt.

Tempo

In 45 Minuten werden 2 Ortsebenen und mindestens 4 Zeitebenen miteinander verbunden. Action trifft Romantik, Humor lockert auf. Die Dialoge sind frisch und schnell. Die Grundlegenden beiden Handlungsstränge können von der Zielgruppe wahrgenommen werden (Action, Romantik). Für ältere Zuschauer und in ihrer Entwicklung weiter fortgeschrittene Heranwachsende, bietet sich eine zusätzliche Rezeptionsebene. Beispielhaft sei hier nur auf den Dialog zwischen dem Doktor und der erwachsenen Reinette ab Filmminute 19:41 verwiesen. Dieser endet mit der Aufforderung des Doktors „zum Tanz" in Minute 21:36. Es bleibt fraglich, inwieweit hier nur ein Tanz gemeint ist.
Bei all diesen verschiedenen Ebenen ist die Schnitttechnik trotzdem vergleichsweise ruhig, die Kameraeinstellungen bleiben zurückhaltend. Dem Zuschauer wird in jeder Szene klar, wo und wann dieselbe stattfindet.
Als Vergleichsmaßstab seien hier Serien wie C.S.I. genannt, die vor allem durch ihre schnelle Schnittfolge und ihren wechselnden Kameraeinstellungen auffallen.

Machart und ästhetische Qualität

Die Umsetzung von „Doctor Who" erfolgt als Realfilm. Die Machart bewegt sich zwischen drei Polen: der Zielgruppe, dem Genre und dem Budget (Image). Der erste Pol, die Zielgruppe, verlangt nach einer gemäßigten Schnittfolge und einer konservativen Kameraführung. Hierauf wurde bereits im vorangegangenen Abschnitt eingegangen. Der Zweite Punkt ist Genretypisch. Die Thematik Science-Fiction verlangt nach der Darstellung lebensweltunrealistischer Vorgänge, Orte und Objekte. Hierzu bedarf es dem Einsatz von Tricktechnik. Hier sei auf die Darstellung des Raumschiffes (01:41) oder auf die Gestaltung der mechanischen Monster verwiesen.

Der letzte Punkt, das Budget, ist hier vor allem historisch zu verstehen. Die Serie „Doctor Who" besteht seit 1963 (mit Unterbrechungen). Ihre, dem geringen Budget geschuldete, einfache und reduzierte Bühnen- und Tricktechnik ist ein Markenzeichen für viele BBC-Serien (z.b. The Tripods (Die dreibeinigen Herrscher)).

Als Alleinstellungsmerkmal gegenüber US-Amerikanischen Produktionen dürfte diese Produktionsästhetik heute vor allem strategisch eingesetzt werden.

In diesem reduzierten Setting fällt aber gerade auf, dass bildliche Handlung und Soundeffekte immer aufeinander abgestimmt sind. Jede Handlungsebene hat ihren eigenen Musikstil. Spannungsmomente werden von Soundeffekten genauso eingegrenzt, wie humorvolle Episoden von lustigen Musikthemen.

Originalität

Zeitreise ist kein wirklich originelles Thema. Der Kampf gegen Roboter, oder das Eingreifen in historische Ereignisse ebenso wenig. Umso mehr gefällt in diesem Format (dieser Episode) die Kombination und Anreicherung dieser Elemente.

Ein Raumschiff im 51. Jahrhundert sucht nach dem finalen Ersatzteil für seine Funktionsfähigkeit: dem Gehirn eines Menschen für seinen Bordcomputer. Die künstliche Intelligenz stellt einen Zusammenhang zwischen Eignung und den Namen des Schiffes her. Zeitfenster werden genutzt, die TARDIS spricht darauf an, der Doktor greift ein.

Ein durchaus originelles Setting. Ebenso sei auf die Gestaltung der Roboter hingewiesen.

Mechanische Kunst vergangener Jahrhunderte wird in der Zukunft eingesetzt, um in der Vergangenheit Lösungen herbeizuführen.

Die Serie lebt von der Zusammenführung ungleicher Paarungen und ihrer zum Teil skurrilen Lösungsansätze, bzw. der bildlichen Umsetzung derselben (Wein welcher Roboter ausschaltet (24:16), oder der Doktor als Hippie in derselben Szene).

Verständlichkeit und Eignung

Die Frage nach der Verständlichkeit und Eignung einer Serie für Kinder sollte zuallererst eine Frage nach dem geeigneten Beurteilungskatalog sein. Die vorangestellten Beobachtungen, wie auch diese Beurteilung, lehnen sich an das Buch „Kinder können Fernsehen. Vom Umgang mit der Flimmerkiste." von Jan-Uwe Rogge an (Rogge (2005)). In seinen Ausführungen zur kindgerechten Fernsehdramaturgie identifiziert er acht Elemente, die den heranwachsenden Zuschauern besonders wichtig sind. Als Frage formuliert, finden sich die Antworten zu diesem Katalog (zum größten Teil) in den vorangegangenen Beobachtungen und Analysen. Daher an dieser Stelle nur eine zusammenfassende *kursive* Stellungnahme:

(1) Überschaubarkeit des Aufbaus

Die Einzelepisoden haben einen wiederkehrenden Aufbau. Nach Ansehen einiger Folgen, stellt sich ein Wiedererkennungseffekt ein

(2) Happy-End der Haupthandlung (Wellendramaturgie oder Gesamtspannungsbogen)

Der Gesamtspannungsbogen wird wellenförmig aufgebaut, Unterbrechungen (Humor u. Romantik) u.a. um kurz „loslassen zu können"(S.9, 2. u. 3.Abs.)

(3) gutes, geschlossenes Ende/ abgeschossene Episoden

Das Gute siegt und auch das (zwangsläufig) traurige Ende der Romanze wird abschließend aufgearbeitet

(4) überschaubares Personal mit klarer Rolleneinteilung

Klare Abgrenzung v. Gut und Böse, kleines Ensemble (S.6, 3.Abs. u. S.7, 3.Abs.)

(5) optische Verdeutlichung der Rollenverteilung

Die Roboter sind grotesk verzerrt dargestellt

(6) Bewegung, Action der Handlung/ insbesondere innere Bewegungsabläufe

Die differenzierte Darstellung des Doktor, auch seiner inneren Beweggründe (S.6, 3.Abs.)

(7) räumliches und zeitliches Koordinatensystem als Fixpunkte

Kontrastierte Darstellung der verschiedenen Zeit- und Raumebenen (S.5, 2.Abs.)

(8) auf die Bilder abgestimmte Soundauswahl

Die Musikunterlegung entspricht der Stimmung der Bilder (S.10, 3.Abs.)

Es kann gesagt werden, dass diese Episode (die Serie) die wichtigsten Anforderungen erfüllt. Es handelt sich um eine kindgerechte Dramaturgie, welche aber <u>nicht</u> für jede Altersgruppe geeignet ist.

Das zuschauende Kind muss zwischen Realität der eigenen Lebensumwelt und Fiktion der dargestellten Handlung unterscheiden können. Das Format des Realfilms verlangt hier eine größerer Reife als etwa beim Trickfilm. Gerade die Darstellung der Roboter und ihr Vorgehen gegen die Bordcrew (verarbeitete Organe), bzw. das Vorgehen gegen Rose und Mickey auf den Seeziertischen erscheint hier problematisch.

Die Verarbeitungsfähigkeit von jüngeren Kindern (3-5 J.) erscheint hierfür noch nicht ausreichend. Bei der Altersgruppe der Grundschulkinder (6-9 J.) ist eine Eignung abhängig von der individuellen Reife des Kindes. Ein Befragen des Kindes und verstehendes Zuhören der Eltern nach Ansehen der Serie ist hier angeraten.

Positiv hervorzuheben ist die Geschlechtsrollendarstellung, hier vor allem die Rolle der Rose. Sie hat sich im Laufe der letzten beiden Staffeln von Mickey und Ihrer Mutter emanzipiert. Aus einer jungen Kaufhausangestellten ist eine mutige Begleiterin des Doktors geworden. Sie wählt nicht den Weg ihrer Mutter, sondern folgt ihrer Neugier (und Ihrem Herzen). Hierbei wird die attraktive Mitstreiterin nicht aufreizend dargestellt, viemehr kämpft und vermittelt sie in Jeans und (weitem) T-Shirt.

Bedenkt man hier, dass Medieninhalte auch als Erweiterung der eigenen Handlungsmöglichkeiten genutzt werden können (Paus-Haase (1999)), so stellt Rose ein realitätswirksames Rollenvorbild dar.

Paul-Haase benennt bei Ihren Medienhandlungstypen auch einen Typ 10. Er ist von einer „typisch „weiblichen"" realitätsorientierten Verarbeitung der Fernsehinhalte geprägt. Im Rahmen des Modell-Lernens könnte Rose hier ein wertvolles Vorbild darstellen.

Zumindest ist Sie für die Zuschauer eine positiv zu bewertende Projektionsfläche für deren eigene Fantasien und Vorstellungen.

Abschließend möchte ich der Serie ein positives Urteil aussprechen. Ich halte das Format für die Altersgruppe der 10- bis 13-jährigen geeignet. Die dramaturgische Umsetzung (Spannungspausen, abgestimmte Soundeffekte) ist gelungen, die dargestellten Konfliktlösungsstrategien halte ich für wertvoll. Das Themenbild ist mehrdimensional (Action, Liebe und Humor). Zusammen mit der geglückten Geschlechterrollenverteilung ergibt sich ein gelungenes Gesamtbild. Lediglich die schnell und unübersichtlich geschnittene Vorschau auf die nächste Folge ist abzulehnen. Hier wäre weniger mehr gewesen.

Anhang

Literatur, Quellenangaben

Feierabend, S. & Klingler, W. (2008). Was Kinder sehen. Eine Analyse der Fernsehnutzung Drei- bis 13-Jähriger 2007. In: *Media Perspektiven*, 4/2008, 190-204.

Rogge, J.-U. (2005). Kinder können Fernsehen. Vom Umgang mit der Flimmerkiste. Reinbek: Rowohlt Taschenbuch Verlag.

Paus-Haase, I. (1999). In: Fromme, J., Kommer, S., Mansel, J. & Treumann, K.-P. (Hrsg.), Selbstsozialisation, Kinderkultur und Mediennutzung (163-182). Opladen: Leske + Budrich.

Sullivan, S. P. New Series Episode 19: The Girl in the Fireplace. Online im Internet: URL: http://www.shannonsullivan.com/drwho/serials/2006d.html (Stand 02.01.2009).

Wikipedia, Seite "Doctor Who". Online im Internet: URL: http://en.wikipedia.org/wiki/Doctor_who (Stand 02.01.2009).

Wiki Doctor Who, Seite "The Girl in the Fireplace". Online im Internet: URL: http://tardis.wikia.com/wiki/The_Girl_in_the_Fireplace (stand: 02.01.2009).